DOCUMENTOS DA CNBB – 88

CONFERÊNCIA NACIONAL DOS BISPOS DO BRASIL

PROJETO NACIONAL DE EVANGELIZAÇÃO: O BRASIL NA MISSÃO CONTINENTAL

"A alegria de ser discípulo missionário"

Este documento segue a nova ortografia da Língua Portuguesa.

Direção-geral: *Flávia Reginatto*
Editora responsável: *Vera Ivanise Bombonatto*

3ª edição – 2009

Nenhuma parte desta obra poderá ser reproduzida ou transmitida por qualquer forma e/ou quaisquer meios (eletrônico ou mecânico, incluindo fotocópia e gravação) ou arquivada em qualquer sistema ou banco de dados sem permissão escrita da Editora. Direitos reservados.

Paulinas
Rua Pedro de Toledo, 164
04039-000 – São Paulo – SP (Brasil)
Tel.: (11) 2125-3549 – Fax: (11) 2125-3548
http://www.paulinas.org.br – editora@paulinas.com.br
Telemarketing e SAC: 0800-7010081

© Pia Sociedade Filhas de São Paulo – São Paulo, 2008

APRESENTAÇÃO

No caminho aberto pela Conferência de Aparecida, foi elaborado o novo Projeto Nacional de Evangelização, que temos a alegria de apresentar. Intitulado *O Brasil na Missão Continental*, o novo Projeto tem como lema: "A alegria de ser discípulo missionário".

Este novo Projeto, impulsionado pelo dinamismo despertado no evento de Aparecida, foi determinado pelas novas Diretrizes Gerais da Ação Evangelizadora da Igreja no Brasil (DGAE), aprovadas na Assembleia Geral da CNBB, realizada em Itaici – Indaiatuba (SP), em abril de 2008.

O Brasil na Missão Continental nos coloca em sintonia e em comunhão com todas as Igrejas particulares da América Latina e do Caribe, empenhadas na Missão Continental proposta pela Conferência de Aparecida.

Na força do Pai que nos ama, em Jesus, o missionário por excelência, no fogo abrasador de Pentecostes, sentimos hoje o mesmo impulso desta presença do Espírito Santo que nos move a nos colocarmos em estado permanente de Missão. Esta é a hora! Todos somos convocados: Dioceses, Paróquias, vida consagrada e comunidades. Não deixemos a graça passar em vão. É hora de nos unirmos no grande mutirão evangelizador para que a América Latina seja, de fato, o "Continente da esperança, da fé e do amor".

Esperamos que o presente Projeto seja acolhido por todos e inserido criativamente nas prioridades e nos planos regionais e diocesanos. E que seja um impulso na concretização das novas Diretrizes Gerais da Ação Evangelizadora da Igreja no Brasil.

Maria, a Mãe Aparecida, Estrela da Evangelização, nos faça sentir a alegria de sermos verdadeiramente discípulos missionários de seu Filho Jesus.

† *Dom Sérgio Arthur Braschi*
Bispo de Ponta Grossa – PR
Pres. da Comissão da Missão Continental

† *Dom Dimas Lara Barbosa*
Bispo Auxiliar do Rio de Janeiro
Secretário-Geral da CNBB

I. INTRODUÇÃO

Fiel ao mandato de Cristo de "ir e fazer discípulos todos os povos" (Mt 28,19), o presente Projeto Nacional de Evangelização convoca toda a Igreja no Brasil para entrar em estado permanente de Missão.

É o desejo que manifesta o papa Bento XVI, ao aprovar o Documento de Aparecida (DA): "Para *mim* foi motivo de alegria conhecer o desejo de realizar uma 'Missão Continental' que as Conferências Episcopais e cada Diocese são chamadas a estudar e a realizar, convocando para isso todas as forças vivas, de modo que, caminhando a partir de Cristo, busque-se sua face" (PAPA BENTO XVI, DA, Carta de aprovação).

Trata-se de despertar nossas comunidades para:

- aproveitar intensamente este tempo de graça;

- implorar e viver um novo Pentecostes em todas as comunidades cristãs;

- despertar a vocação e a ação missionária dos batizados e animar todas as vocações e ministérios que o Espírito dá aos discípulos de Jesus Cristo, na comunhão viva da Igreja;

- sair ao encontro das pessoas, das famílias, das comunidades para comunicar e partilhar o dom do encontro com Cristo, que plenificou nossas vidas de sentido; de verdade e amor; de alegria e esperança (cf. DA 548).

3. A paixão pelo Reino de Deus nos leva a desejá-lo cada vez mais presente entre nós. Na força do Espírito Santo, que sempre nos precede, a Missão nos levará a viver o encontro vivo com Jesus, capaz de impulsionar os batizados à santidade e ao apostolado e de atrair os que estão distantes do influxo do Evangelho ou que nem sequer experimentaram o dom da fé.

II. OBJETIVOS

1) Geral

Abrir-se ao impulso do Espírito Santo e incentivar, nas comunidades e em cada batizado, o processo de conversão pessoal e pastoral ao estado permanente de Missão, para a Vida plena.

2) Específicos

- Proporcionar a alegre experiência do discipulado, no encontro com Cristo;
- promover a formação em todos os níveis para sustentar a conversão pessoal e pastoral do discípulo missionário;
- repensar as estruturas de nossa Ação Evangelizadora para um compromisso de ir e atingir a quem normalmente não atingimos;
- favorecer o acesso de todos, a partir dos pobres, à "atrativa oferta da vida mais digna em Cristo" (cf. DA 361);
- aprofundar a Missão como serviço à humanidade;
- discernir os sinais do Espírito Santo na vida das pessoas e na história.

III. LEMA

"A alegria de ser discípulo missionário"

IV. ILUMINAÇÃO BÍBLICA

A iluminação bíblica e o querigma serão apresentados, no decorrer do Projeto, em forma de subsídios homiléticos; roteiros para Grupos de Reflexão e para Círculos Bíblicos, especialmente à luz dos Discípulos de Emaús (cf. Lc 24,13-35), do Bom Samaritano (presença e compaixão), do Ano Paulino; e contribuições advindas do Sínodo sobre a Palavra de Deus. Levar-se-á em conta a promoção da pessoa (amor e liberdade), a renovação da comunidade (unidade e diversidade) e a construção da sociedade (justiça e vida). Serão também produzidos roteiros para a Leitura Orante da Bíblia (*Lectio Divina*).

V. SINAIS COMPARTILHADOS

1) Bíblia

A Bíblia esteja sempre presente como Palavra de Deus e como expressão da Missão Continental entre nós, incentivando o povo à *Lectio Divina*, ou seja, ao exercício da leitura orante da Sagrada Escritura. Essa prática muito salutar de abordagem da Palavra de Deus, "com seus quatro momentos (leitura, meditação, oração, contemplação), favorece o encontro pessoal com Jesus Cristo" (DGAE 63; cf. DA 249).

2) Capelinha missionária (tríptico)

Esse foi um presente do Santo Padre à Conferência de Aparecida. O próprio Papa o explica na conclusão do seu Discurso Inaugural (cf. DA, pág. 284). O texto acompanhará a réplica do tríptico.

3) Oração do Brasil na Missão Continental

Senhor, Deus da vida e do amor,
enviastes o vosso Filho
para nos libertar das forças da morte
e conduzir-nos no caminho da esperança.

Movei-nos pelo dom do vosso Espírito!
Fazei-nos discípulos
comprometidos com o anúncio do Evangelho
em nossa Pátria,
em comunhão com a Missão Continental.
Fazei-nos missionários,
caminhando ao encontro de nossos irmãos e irmãs,
acolhendo a todos, sobretudo os jovens,
os afastados, os pobres, os excluídos.

Virgem Mãe Aparecida,
intercedei junto ao vosso Filho,
para que sejamos fiéis
ao nosso compromisso de discípulos missionários.
Amém!

4) Logomarca

Todos os subsídios produzidos para a Missão Continental serão identificados com a mesma *logomarca da V Conferência*.

5) Padroeiros(as)

A critério dos Regionais e das Dioceses.

6) Coleção de cantos missionários

VI. PEDAGOGIA DA MISSÃO PERMANENTE

O Projeto da Missão Continental visa unir, na fé e no ardor missionário, os povos latino-americanos e caribenhos. A grande intuição é ativar a energia, o potencial da pessoa que fez a experiência do fascínio do encontro com Jesus e, ao mesmo tempo, oportunizar esse encontro para aqueles que ainda não o fizeram. Queremos atingir, como interlocutores privilegiados, sobretudo os jovens, os afastados, os pobres, os excluídos.

Acolhendo o convite de Aparecida, seguimos os passos pedagógicos que iluminam a formação e a ação do discípulo missionário.

"No processo de formação do discípulo missionário aparecem cinco aspectos fundamentais, diversos em cada etapa do caminho, mas que se complementam intimamente e se alimentam entre si:

- *o encontro com Jesus Cristo*, mediante o querigma, fio condutor de um processo que culmina na maturidade do discípulo e deve renovar-se constantemente pelo testemunho pessoal, pelo anúncio do querigma e pela ação missionária da comunidade;

- *a conversão*, resposta inicial de quem crê em Jesus Cristo e busca segui-lo conscientemente;

- *o discipulado*, como amadurecimento constante no conhecimento, amor e seguimento de Jesus Mestre, quando também se aprofunda o mistério de sua pessoa, de seu exemplo e de sua doutrina, graças à catequese permanente e à vida sacramental;

- *a comunhão*, pois não pode existir vida cristã fora da comunidade: nas famílias, nas Paróquias, nas comunidades de vida consagrada, nas comunidades de base, nas outras pequenas comunidades e movimentos, tal como acontecia entre os primeiros cristãos; a comunhão na fé, na esperança e no amor deve estender-se também aos irmãos e irmãs de outras tradições cristãs;

- *a Missão*, que nasce do impulso de compartilhar a própria experiência de salvação com outros, de plenitude e de alegria feita com Jesus Cristo; a Missão deve acompanhar todo o processo, embora diversamente, conforme a própria vocação e o grau de amadurecimento humano e cristão de cada um, tendo Maria como modelo perfeito do discípulo missionário" (DGAE 92).

VII. O ESPÍRITO E A PEDAGOGIA DA MISSÃO PERMANENTE NAS ATIVIDADES PREVISTAS NA AÇÃO ORDINÁRIA

A Igreja no Brasil já é animada por diversas experiências e iniciativas missionárias significativas. Mesmo que não tenham visibilidade em termos de território nacional, elas imprimem o espírito missionário nos lugares onde acontecem.

Muitas Dioceses e Regionais estão vivendo atualmente a rica experiência das *Santas Missões Populares (SMP)*; outras já o fizeram, em anos recentes, e poderão retomar seu dinamismo na Missão Continental.

Como Igreja, somos desafiados a dar novo caráter missionário às atividades assumidas conjuntamente (Campanha da Fraternidade, Campanha da Evangelização, Mutirão para a Superação da Miséria e da Fome) e às outras atividades desenvolvidas nos diferentes organismos e comissões.

Da mesma forma, somos desafiados a entrar decididamente, com todas as forças, nos processos constantes de renovação missionária. A progressiva setorização e descentralização das estruturas pastorais, transformando as Paróquias em rede de comunidades, ajudará a passar corajosamente de uma pastoral de manutenção para uma pastoral decididamente missionária (cf. DA 365 e 370).

O espírito e o compromisso missionários perpassam transversalmente toda a atividade eclesial. Cabe, portanto, a cada organismo programar, em suas atividades, esse espírito da Missão Continental.

VIII. A DIOCESE NA MISSÃO CONTINENTAL

"A *Diocese*, em todas as suas comunidades e estruturas, é chamada a ser comunidade missionária" (DA 168) e, portanto, o sujeito da Missão. Ela deverá:

- Revisar o Plano Pastoral à luz de Aparecida e das Diretrizes Gerais da Ação Evangelizadora, a fim de dar-lhe grande renovação missionária que contemple, como sinal de maturidade, a Missão *ad gentes*.

- Criar ou reforçar uma comissão central com a finalidade de animar a Missão diocesana (COMIDI).

- Elaborar subsídios para a formação de agentes de pastoral e de evangelizadores, em vista da realização do Projeto missionário.

- Oferecer uma proposta de cursos de preparação e de retiros populares para os agentes de pastoral e os evangelizadores.

- Realizar trabalho conjunto com as Dioceses vizinhas, em âmbito de Províncias Eclesiásticas ou de Regional, com o sentido de comunhão eclesial (COMIREs).

- Oportunizar experiências missionárias que estimulem as pessoas a inserir-se na Igreja particular.

- Incentivar os Regionais para que sirvam de apoio para as Dioceses e Paróquias.

IX. PROGRAMAÇÃO

Respeitando e animando a caminhada de cada Regional, Diocese e comunidade, apresentamos os seguintes incentivos:

a) serão produzidos subsídios para o Projeto *O Brasil na Missão Continental*: estudos em torno da *Lectio Divina* e do querigma com roteiros para grupos de reflexão e círculos bíblicos, subsídios homiléticos, coletânea de cantos missionários e santas missões populares;

b) as Comissões Episcopais da CNBB contribuirão na elaboração de subsídios, no processo de formação dos missionários para a presença missionária, em especial de leigos e leigas nas comunidades eclesiais e nos diferentes campos de Missão na sociedade;

c) sob indicação do Conselho Permanente, formar--se-á uma equipe de multiplicadores com delegados de cada regional para acompanhar o Projeto nas diferentes iniciativas missionárias que o Espírito suscita em nosso país;

d) o Instituto Nacional de Pastoral (INP) realizou, em agosto de 2008, um Seminário com o título

"Igreja, Comunidade de comunidades", para o estudo de Aparecida e das DGAE. Para os próximos anos, haverá Seminários sobre "Pastoral Urbana" (2009), sobre o "Fenômeno religioso e os novos cenários religiosos" (2010), como também estudos e publicações sobre "A Evangelização e as Culturas", "A mobilidade humana" e "Estruturas de exclusão";

e) como *gestos concretos*, conforme a realidade de cada lugar, sugerimos:

- encontro com os latino-americanos que vivem no Brasil;

- encontro com brasileiros que vivem no exterior e fortalecimento da presença missionária junto aos brasileiros no exterior;

- envio de missionários *ad gentes*;

- escolha e formação de novos missionários;

- fortalecimento e descoberta de novas formas de ação missionária (cf. DA 233);

- dentro do espírito missionário, favorecimento dos ministérios do acolhimento e da visitação e visitas missionárias a novos ambientes (areópagos);

- estímulo ao uso do ritual de bênçãos dadas pelos leigos, aprovado pelo Magistério da Igreja;

- favorecimento da visibilidade pública pela mobilização para um Ato Público contra o desmatamento da Amazônia, ou contra a destruição do Cerrado, ou em defesa do Aquífero Guarani;

- sintonia com o XII Intereclesial de CEBs, que acontecerá em Porto Velho (RO), tendo como tema: "Ecologia e Missão";

- fomento, produção e acompanhamento de programas versando sobre *O Brasil na Missão Continental*, nas rádios e TVs, também em rede nacional;

- divulgação, por parte da CNBB, contando com a colaboração dos Regionais, Comissões e Institutos, de experiências missionárias significativas em andamento nas diversas regiões do País;

- incentivo à inserção da Vida Religiosa, dos Institutos e Organismos para que sejam presença missionária nos contextos local, nacional e internacional;

- despertar, apoio, estímulo e oração pelas vocações missionárias *ad gentes*.

Observação: a Comissão do Projeto da Missão Continental solicita a todos os organizadores de grandes eventos, a se realizarem em nível nacional, que tenham sempre presente o espírito da Missão Continental.

CONCLUSÃO

No espírito de serviço, somos todos convidados a nos envolver no trabalho missionário para que a Missão seja assumida sempre mais pelas comunidades cristãs do Brasil, dialogando com toda a sociedade.

Nesse sentido, compreendemos que o ardor missionário dará à Igreja um dinamismo próprio, caracterizado pelo espírito de abertura, universalidade, diálogo ecumênico, itinerância, serviço e radicalidade cristã.

Foi a Mãe Aparecida quem, levando-nos pela mão, inspirou toda essa profunda conversão missionária de nossa Igreja: que ela continue a fecundar o Projeto do Brasil na Missão Continental.

Impulsionados pelo Espírito, sentimos que este tempo de graça da Missão Continental está aí para ser vivido plenamente. Com coragem e alegria, vamos todos à Missão: "Ficaram cheios do Espírito Santo e anunciaram corajosamente a Palavra de Deus" (At 4,31).

"Esse despertar missionário, na forma de Missão Continental [...], exigirá a decidida colaboração das Conferências Episcopais e de cada Diocese em particular [...]. Levemos nossos navios mar adentro, com o poderoso sopro do Espírito Santo, sem medo das tormentas, seguros de que a Providência de Deus nos proporcionará grandes surpresas" (DA 551).

FONTES PARA CONSULTA

CELAM. *Documento de Aparecida (DA)*. São Paulo: CNBB/Paulus/Paulinas, 2007.

CNBB. *A Missão Continental*; para uma Igreja Missionária. Brasília: CNBB, 2008 (Texto do Celam traduzido).

CNBB. *Diretrizes Gerais da Ação Evangelizadora da Igreja no Brasil — 2008-2010 (DGAE)*. Brasília: CNBB, 2008.

CNBB. *Evangelização da Juventude*; desafios e perspectivas pastorais. São Paulo: Paulinas, 2007. (doc. 85).

CNBB. *Memória, Projeto, Seguimento*; Missões Populares da Igreja no Brasil. Brasília: CNBB, 2007.

CNBB. *Santas Missões Populares*; Pontifícias Obras Missionárias. Brasília: CNBB, 1998.

CNBB. *Sou Católico*; vivo minha fé. Brasília: CNBB, 2007.

COMISSÃO EPISCOPAL PARA A MISSÃO CONTINENTAL

Dom Sérgio Arthur Braschi (Presidente)
Dom Pedro Brito Guimarães
Dom Adriano Ciocca Vasino
Dom Jaime Pedro Kohl
Dom José Lanza Neto
Pe. José Altevir da Silva, CSSp (assessor)
Pe. Ademar Agostinho Sauthier (assessor)

Coleção Documentos da CNBB

1 Testemunhar a fé viva em pureza e unidade
2 Pastoral da eucaristia: subsídios
2a Pastoral dos sacramentos da iniciação cristã
3 Em favor da família
4 Diretrizes Gerais da Ação Pastoral da Igreja no Brasil
5 3º Plano bienal dos Organismos Nacionais – 1975-1976
6 Pastoral da penitência
7 Pastoral da música litúrgica no Brasil
8 Comunicação pastoral ao povo de Deus
9 4º Plano bienal dos Organismos Nacionais – 1977-1978
10 Exigências cristãs de uma ordem política
11 Diretório para missas com grupos populares
12 Orientações pastorais sobre o matrimônio
13 Subsídios para Puebla
14 Pastoral da unção dos enfermos
15 Diretrizes Gerais da Ação Pastoral da Igreja no Brasil
16 5º Plano bienal dos Organismos Nacionais – 1979-1980
17 Igreja e problemas da terra
18 Valores básicos da vida e da família
19 Batismo de crianças
20 Vida e ministério do presbítero: pastoral vocacional
21 6º Plano bienal dos Organismos Nacionais – 1981-1982
22 Reflexão cristã sobre a conjuntura política
23 Solo urbano e ação pastoral
24 Pronunciamentos da CNBB – 1981-1982 (coletânea)
25 Comunidades Eclesiais de Base na Igreja do Brasil
26 Catequese renovada
27 Pronunciamentos da CNBB – 1982-1983 (coletânea)
28 Diretrizes Gerais da Ação Pastoral da Igreja no Brasil – 1983/1984
29 7º Plano bienal dos Organismos Nacionais – 1983-1984
30 Formação dos presbíteros na Igreja do Brasil: diretrizes básicas
31 Nordeste: desafio à missão da Igreja no Brasil
32 Pronunciamentos da CNBB – 1983-1984 (coletânea)
33 Carta aos agentes de pastoral e às comunidades
34 8º Plano bienal dos Organismos Nacionais – 1985-1986
35 Pronunciamentos da CNBB – 1984-1985 (coletânea)
36 Por uma nova ordem constitucional: declaração pastoral
37 Pronunciamentos da CNBB – 1985-1986 (coletânea)
38 Diretrizes Gerais da Ação Pastoral da Igreja no Brasil – 1987-1990

39	9º Plano bienal dos Organismos Nacionais
40	Igreja: comunhão e missão na evangelização dos povos no mundo do trabalho, da política e da cultura
41	10º Plano bienal dos Organismos Nacionais
42	Exigências éticas da ordem democrática
43	Animação da vida litúrgica no Brasil
44	Pronunciamentos da CNBB – 1986-1988 (coletânea)
45	Diretrizes Gerais da Ação Pastoral da Igreja no Brasil – 1991/1994
46	11º Plano bienal dos Organismos Nacionais
47	Educação, Igreja e sociedade
48	Das Diretrizes a Santo Domingo
49	12º Plano de pastoral dos Organismos Nacionais
50	Ética: pessoa e sociedade
51	Pronunciamentos da CNBB – 1988-1992 (coletânea)
52	Orientações para a celebração da Palavra de Deus
53	Orientações pastorais sobre a renovação carismática católica
54	Diretrizes Gerais da Ação Evangelizadora da Igreja no Brasil – 1995-1998
55	Formação dos presbíteros da Igreja no Brasil: diretrizes básicas
56	Rumo ao novo milênio: projeto de evangelização da Igreja no Brasil em preparação ao grande Jubileu do ano 2000
57	13º Plano bienal de atividades do Secretariado Nacional
58	Pronunciamentos da CNBB – 1992-1996 (coletânea)
59	Igreja e comunicação rumo ao novo milênio: conclusões e compromissos
60	14º Plano bienal de atividades do Secretariado Nacional
61	Diretrizes Gerais da Ação Evangelizadora da Igreja no Brasil – 1999-2002
62	Missão e ministérios dos cristãos leigos e leigas
63	15º Plano bienal de atividades do Secretariado Nacional – 2000-2001
64	Diretrizes e normas para as universidades católicas segundo a Constituição Apostólica *Ex Corde Ecclesiae* – Decreto geral
65	Brasil – 500 anos: diálogo e esperança – Carta à sociedade brasileira e às nossas comunidades
66	Olhando para a frente: o projeto "Ser Igreja no Novo Milênio" explicado às comunidades
67	Eleições 2002 – Propostas para reflexão
68	16º Plano bienal de atividades do Secretariado Nacional – 2002-2003
69	Exigências evangélicas e éticas de superação da miséria e da fome – "Alimento, dom de Deus, direito de todos"
70	Estatuto Canônico e Regimento da Conferência Nacional dos Bispos do Brasil (CNBB)

71 Diretrizes Gerais da Ação Evangelizadora da Igreja no Brasil – 2003-2006
72 Projeto Nacional de Evangelização (2004-2007) – Queremos ver Jesus – Caminho, verdade e vida – Orientações gerais
73 17º Plano bienal de atividades do Secretariado Nacional – "Queremos ver Jesus – Caminho, verdade e vida" – 2004-2005 (Jo 12,21b; 14,6)
74 Diretrizes para o diaconato permanente: formação, vida e ministério do diácono permanente da Igreja no Brasil
75 Carta aos presbíteros
76 Plano de emergência para a Igreja do Brasil – 2004
77 Plano de Pastoral de Conjunto – 1966-1970
78 Pronunciamentos da CNBB – 1997-2003
79 Diretório da Pastoral Familiar – Comissão Episcopal Pastoral para a Vida e a Família (texto aprovado pela 42ª Assembléia Geral em Itaici – SP)
80 Evangelização e missão profética da Igreja: novos desafios
81 18º Plano bienal de atividades do Secretariado Nacional – 2006-2007
82 Eleições 2006: orientações da CNBB
83 Pronunciamentos da CNBB – 2004-2006
84 Diretório Nacional de Catequese
85 Evangelização da Juventude
86 19º Plano Pastoral do Secretariado Nacional – 2008
87 Diretrizes gerais da ação evangelizadora da Igreja no Brasil – 2008-2010
88 Projeto Nacional de Evangelização: O Brasil na missão continental – "A alegria de ser discípulo missionário"
89 20º Plano Pastoral do Secretariado Geral – 2009 - 2011
90 Legislação Complementar ao Código de Direito Canônico para o Brasil sobre a Absolvição Geral

SUMÁRIO

Apresentação 5

I. Introdução 7

II. Objetivos 9
   1) Geral 9
   2) Específicos 9

III. Lema 10

IV. Iluminação bíblica 11

V. Sinais compartilhados 12
   1) Bíblia 12
   2) Capelinha missionária (tríptico) 12
   3) Oração do Brasil na Missão Continental 12
   4) Logomarca 13
   5) Padroeiros(as) 13
   6) Coleção de cantos missionários 13

VI. Pedagogia da Missão permanente 14

VII. O espírito e a pedagogia da Missão permanente
     nas atividades previstas na ação ordinária 16

VIII. A Diocese na Missão Continental 18

IX. Programação 20

Conclusão.. 24

Fontes para consulta 26

Comissão episcopal para a Missão Continental 27

Impresso na gráfica da
Pia Sociedade Filhas de São Paulo
Via Raposo Tavares, km 19,145
05577-300 - São Paulo, SP - Brasil - 2009